MÉMOIRE

CONTRE

LA SEPTENNALITÉ.

Chacun de nous se doit d'obéir à la loi.

MÉMOIRE

A SA MAJESTÉ,

A LA CHAMBRE DES PAIRS,

A CELLE DES DÉPUTÉS,

AU PEUPLE FRANÇAIS;

CONTRE

LA SEPTENNALITÉ

DE LA CHAMBRE DES DÉPUTÉS.

Par le Cte. DE FRANCLIEU.

PARIS,

IMPRIMERIE D'HIPPOLYTE TILLIARD,

RUE DE LA HARPE, N.º 78.

1824.

AVANT-PROPOS.

Au milieu des événements les plus importants, si l'on estime qu'ils doivent influer puissamment sur nos destinées, le devoir du citoyen est d'offrir à son pays le faible tribut de son intelligence ; de lui dire ce qu'il croit vérité ; prêt, s'il en trouvait l'occasion, à lui faire le sacrifice de sa vie.

Mais elle ne sera pas compromise, quelle que soit son opinion, s'il est entraîné par une conviction intime, par son amour et son respect public.

Et quel danger peut arrêter celui qui chérit sa *Patrie !*

MÉMOIRE

CONTRE

LA SEPTENNALITÉ.

Ce Mémoire tend à énoncer

1° Les malheurs dont la septennalité serait suivie ;

2° L'incompétence de MM. les ministres pour la proposer ;

3° Celle des deux Chambres pour la consentir ;

4° La nécessité de déterminer le mode de la révision de la Charte, et celui de l'adoption ou du rejet de toute modification proposée.

J'en offre le projet (1).

---

(1) Déjà, et notamment en un dernier écrit (*Du Principe des Gouvernements*) j'en ai fait la proposition formelle.

Je l'estime une suite nécessaire du principe social, conforme à nos lumières acquises.

MM. les députés des deux Chambres doivent ne pas l'avoir aperçu.

MÉMOIRE.

Je discuterai peu. Ce que j'ai à dire
me paraît l'évidence.

~~~~~

Ire CONSIDÉRATION.

Des malheurs dont la septennalité serait suivie.

S. M., le 4 juin 1814, a déclaré la Charte accordée, concédée, octroyée à toujours.

L'art. 37 est ainsi conçu :

« Les députés sont élus pour cinq ans, et de manière que la Chambre soit renouvelée par cinquième chaque année. »

S. M. a juré l'exécution de la Charte ; il en ordonne le serment à MM. les ministres.

MM. les pairs, MM. les députés, tout fonctionnaire public le prêtent. Comme électeur on me l'a fait prêter.

N'est-ce qu'une faible disposition réglementaire que celle qui prescrit la composition et le renouvellement de la Chambre des députés?
~~~~~

Non. Elle en est le point essentiel qui la détermine et la vivifie.

Changez ce point précis, la Charte est déchirée.

La Charte ne peut être en aucune sorte changée que par un mode à l'avance réfléchi, mûri, qui satisfasse les droits de la souveraineté publique, ou nous tombons de révolutions en révolutions ; la société n'a plus pour nous de base fixe ; nos lumières s'éteignent ; nous devenons la proie des passions les plus désordonnées ; et des bords de la Néva, de la Vistule, des froides régions du nord, une honteuse servitude vient renouveler en Europe la chute, les bouleversements du Bas-Empire.

Mais en elle-même la septennalité serait-elle un bien ?

Non. A la vérité, MM. les ministres, qui veulent que la Chambre soit composée de membres qui leur conviennent, qui leur plaisent, dont ils n'aient jamais à craindre un visage sévère, trouvent plus commode de n'avoir de mandements à envoyer à leurs employés que tous les sept ans et à la fois.

Mais un tel système d'influence ministérielle, qu'il faut perpétuer, est celui de la déception et de la corruption, Il ne peut se maintenir en France. Nous voulons des Chambres dont les membres aient chacun une *conscience* qui lui soit propre. Nous ne voulons pas que MM. les ministres à l'avance les désignent, qu'ils leur distribuent des places, des présents, des pensions, des sinécures.

Que cela soit ainsi en Angleterre, si les Anglais le veulent ; qu'ils aient des bourgs pourris, qu'ils subissent tous les malheurs de la septennalité, j'y consens ; chez eux ils sont les maîtres, mais qu'ils ne nous les imposent pas!

Ici nous ne voulons pas que les ministres fassent nos élections. Puisque la Charte très sagement le veut, qu'un cinquième, chaque année renouvelé, joigne à la fois en la Chambre de nos députés tous les bienfaits d'une expérience suffisante aux élans d'une énergie nouvelle ; qu'il nous soit garant sans effort d'un esprit public, toujours vrai s'il est abandonné à lui-même, toujours croissant, loin chaque année de s'abâtardir par la septennalité, qui bientôt deviendrait à vie, puis héréditaire.

Ainsi, les maires du palais devinrent héréditaires et étranglèrent les rois. Tel Bonaparte, premier consul, se fit consul pour dix ans, consul à vie, consul héréditaire.

Sans les catastrophes qu'amène toujours l'abandon des vrais principes, ceux qui le saluaient empereur, le salueraient encore.

Une fois la loi détruite, une fois ses tables brisées, les sénatus-consultes se multiplient et le chaos commence.

IIe CONSIDÉRATION.

De l'incompétence de MM. les ministres pour proposer la septennalité ; des motifs qui les y peuvent porter.

MM. les ministres sont dits avoir prêté le serment de fidélité à la Charte. Révocables au gré de S. M., ils sont nommés par elle pour veiller et même servir à l'observance des lois.

La Charte est maintenant le seul nœud qui nous lie. Les diverses autorités n'ont de pouvoirs que ceux qu'elle leur confère.

Le principe des gouvernements civilisés est dans leur stricte obéissance au contrat qui les fonde.

L'individu particulier, membre de la société, a le droit de faire tout ce que la loi ne défend pas. Le ministre ne peut, ne doit faire que ce qu'elle lui commande.

En quel chapitre a-t-il reçu l'autorisation de demander le changement d'un article textuel de la Charte accordée à toujours, qu'il a le devoir de maintenir en son intégrité, qu'il a jurée.

Homme de la loi et n'étant que cela, peut-il demander qu'elle soit changée en quelque partie que ce soit, et bien plus en des rapports qui lui sont directs? S'élever contre la loi qu'il doit garantir est une félonie. Un tel acte serait un crime. Mais (me demandera-t-on), de fait sont-ils responsables? Ils le seront quand les Chambres le voudront. Pour agir ils ont besoin de l'ordre de la loi. Il n'en est pas qui leur enjoigne de dicter nos élections, de regarder les agents publics, confiés à leur surveillance, comme des serfs, tenus de leur obéir sur des points étrangers aux fonctions qui leur sont attribuées; de les ménacer, s'ils osaient suivre les mouvements d'une conscience personnelle, d'être à l'instant chassés.

Ces agents ne sont-ils donc pas des hommes recommandables par leurs talents, par leurs lumières? Sont-ils donc soldés de la poche de MM. les ministres, par eux, pour des devoirs domestiques? Ne sont-ils pas rétribués par la masse et pour elle? Et par qui eux-mêmes sont-ils payés? et pour qui? S'ils le sont eux-mêmes par la masse, ont-ils acquis le droit de s'élever contre elle, menaçant ceux qui oseraient la servir.

O honte! c'est ce qui vient de se voir.

Déjà un ministre fait pour veiller à l'observance des lois avait dit : qu'il voulait, qu'il demandait l'arbitraire. Un autre a dit qu'il était paresseux, que le manége annuel des élections le fatiguait, et pour ce, qu'il lui fallait la septennalité.

Le renouvellement annuel par séries ne le fatiguerait pas, si, se bornant à obéir à la loi, il se contentait de faire dresser les listes des électeurs, de les réparer, rendant justice à tous, ne dégrevant pas ceux qui lui déplaisent, et assurant la liberté des votes.

Ces devoirs simples ne les fatigueraient pas.

Mais soyons francs. Ces allégations ridicules ne sont qu'apparentes. Il en est de réelles que l'on ne veut pas avouer. Je me dois avec toute franchise de déchirer le voile qui les couvre, et que chacun, sans nul doute, aperçoit avec moi.

Nous sommes au dedans de la France, par suite de la demande du ministre, sous le poids, sous le joug d'un gouvernement étranger, étendu, secret, sous celui de la Sainte-Alliance.

Mais avons-nous la certitude d'en faire partie, d'être en sa dépendance !

Oui. Un de nos anciens ministres, M. le maréchal de Gouvion Saint-Cyr, alors ministre de la guerre, en a fait, à ma connaissance, à la Chambre des députés la déclaration détournée, formelle.

Je dis détournée parce que ce n'était que par occasion, et que cette partie de l'administration publique n'était pas dans les attributions de son ministère. Et c'est la seule connaissance officielle que j'estime que nous ayons eue.

La France donc, sans la connaître, en fait partie. Est-elle en sa dépendance ? Oui : au sujet de la guerre d'Espagne il nous a été dit qu'il fallait la lui faire ou la soutenir contre le reste de l'Europe...... moins la Grèce sans doute.

Mais qu'est-ce donc que la Sainte-Alliance ?

Son titre, du moins, est un hommage à la tolérance, à la philosophie ; réunissant religieusement le schismatique, le protestant, le catholique romain et le sectateur de Mahomet; le Russe, l'Autrichien, le Hollandais, le

Prussien, l'Anglais, l'Espagnol et le Turc.

J'ai dit l'Anglais; il en est, à mes yeux, la cheville ouvrière dissimulée.

Il a vu Naples occupé; il s'est saisi de l'Illyrie; il entrait à Cadix. Il a gardé, dit-il, la neutralité, puisque l'on ne pénétrait pas à Lisbonne; dont il s'était sans doute chargé de détruire lui-même le gouvernement volontairement adopté, et qu'il a renversé.

Aujourd'hui, il semble implicitement reconnaître les nouveaux états méridionaux de l'Amérique; il faut bien qu'il s'y ménage un accès. Que les Etats-Unis de l'Amérique-Sud aient confiance en M. Canning, ministre anglais, il leur rendra *Iturbide* (*).

Au commencement de la guerre d'Espagne, ce M. Canning portait des toasts publics à la liberté, et la Sainte-Alliance a déclaré ne pouvoir assez marquer de reconnaissance à M. W. A'Court, ambassadeur anglais, pour son adresse à manier les partis.

(*) Depuis ces lignes écrites, je lis que des commissaires anglais ont été reçus chez eux avec enthousiasme....

N'est-ce pas ainsi qu'ils débutèrent dans l'Inde : ils y semèrent la discorde et se l'approprièrent.

Timeo Danaos et dona ferentes.

Quelles sont les conventions faites entre MM. les membres de la Sainte-Alliance !

Elles sont dérobées à la connaissance du public ; nous ne pouvons qu'avec peine les entrevoir dans les résultats des congrès de Vienne, de Carlsbad et de Leybach. Cette association est donc secrète. Une loi générale la défend. Notre France, notre belle France, ne peut perdre son indépendance. Si nos ministres sont Français, ils ne peuvent faire partie de la Sainte-Alliance. Comme nous ils se doivent d'obéir à la loi.

Nous ne serons sous la domination ni de l'Autrichien, ni du Russe, ni de l'Anglais. Que celui-ci garde pour lui sa septennalité, que sans doute il entend nous imposer, vraisemblablement condition secrète de la Sainte-Alliance.

Nos ministres ne peuvent demander le renversement, le déchirement de la Charte, qui est une, et ne peut sans périr être mutilée. Elle est la seule base actuelle de notre organisation sociale ; c'est en son nom seul qu'ils peuvent être obéis.

IIIᵉ CONSIDÉRATION.

De l'incompétence des Chambres pour consen-
tir la septennalité de la Chambre des députés.

Cette considération, les raisons dont je viens l'appuyer, sont de la plus haute importance. Je porte à tout publiciste le défi d'en soutenir avec moi une discussion opposée.

A la manière d'Alexandre de Macédoine, je ne vois qu'un mode de prévaloir sur la raison; celui du glaive..... tuer est bien empêcher de parler, mais ce n'est pas répondre.

Je m'écrierai (en rappelant une pensée de J.-J., mon maître).....

« Puisque j'ose adresser ma faible voix à S. M., à MM. les membres des deux Chambres, à la masse éclairée du peuple; je dois penser qu'un témoignage de mon respect est de dire avec le plus de netteté, de franchise, ce que je crois vrai, et que je parle à des hommes qui le veulent entendre ».

Les deux Chambres, des pairs et des députés, sont-elles compétentes pour, au mépris de l'art. 37 précité de la Charte, consentir à la septennalité ?

Non. Les Chambres n'existent qu'en vertu de la Charte. En déchirer un seul article c'est l'anéantir; c'est nous faire passer sous un règne arbitraire. C'est éteindre nos lumières acquises. Les Chambres n'ont pas le pouvoir de servir à modifier la Charte. Elles ne sont pas le souverain. Elles ne sont revêtues d'aucun de ses attributs. De qui les tiendraient-elles? (1)

A tort l'on prétend donner à un gouvernement le nom de représentatif. L'homme qui donnerait le droit de le représenter, ferait abnégation de lui-même. Il se mettrait en servage pour n'être plus rien que sous le bon plaisir de celui dit son représentant. Il serait en interdit.

Un tel acte serait celui de la démence. Il faudrait qu'il fût individuel, personnel; mais il est impossible qu'il soit signé par tous. Il le serait, qu'à l'instant il serait détruit; car au même moment, un d'entre eux tombe, et un nouveau le remplace. D'autres, en cent lieux divers à la fois se revêtent de la toge virile.

La génération actuelle (ai-je dit), avec respect, avec reconnaissance, doit profiter

_____

(1) Je dirais : Ce n'est pas de moi ; et aussi je suis membre du souverain : à la vérité bien faible, mais qu'elle est ma force si, loin de m'isoler je me joins à la masse, et si ma voix peut être celle de la raison !

des travaux, des lumières, des découvertes, des fautes même de la génération passée. Elle dispose du moment présent, elle pressent l'avenir; elle en fait l'objet de ses vœux. Elle est sans pouvoir sur la génération qui la suit.

Souveraineté publique et gouvernement, sont deux acceptions absolument distinctes, et qui doivent être séparées.

La souveraineté publique appartient à la masse éclairée. Celle-ci, pour son plus grand avantage, peut, par des députés directs, intervenir dans son gouvernement : mais en fait, vu son expérience, vu l'organisation, à bien des égards indéfinissable de l'homme, elle ne peut, elle ne doit point se gouverner elle-même; il lui est impossible, vu son nombre, sa multiplicité, l'instabilité de ses penchants, et la diversité de ses goûts, d'être en même temps l'administrateur et l'administré; à la fois d'ordonner et d'obéir

Mais le gouvernement n'est pas le souverain.

Le principe de toute société, dans sa formation, dans sa conservation, dans sa durée, est la parfaite dépendance de sa Charte, de son contrat à la volonté de la majorité éclairée de ses membres actifs, volonté qui doit toujours être libre de se faire entendre par mode prévu sans agitation , sans trouble et sans danger.

Le principe d'un gouvernement civilisé est dans la parfaite obéissance de toutes les institutions qui le composent, aux termes stricts du contrat qui les fonde.

Ces vérités sont incontestables.

Pour s'y refuser, pour les rendre vaines, elles seront dites une utopie, le rêve creux d'une imagination exaltée, voulant que tous les hommes soient des anges.

Non : l'homme généralement est mu par son intérèt. Heureux lorsqu'il sait apercevoir où réellement il repose : trop souvent les passions l'égarent ; et c'est pour cela qu'une Charte lui est nécessaire, et qu'elle lui a été donnée. Encore que tous les hommes ne soient pas sages , elle doit être, et elle en doit être bien plus l'ouvrage de la raison. Elle crée des institutions pour la satisfaction des devoirs publics. Quelle serait la garantie qu'ils seraient remplis, si, créées par la Charte , elles-mêmes disposaient de la Charte ? si elles la changeaient à leur gré, que deviendrait le peuple, pour qui elle est faite ; par les suffrages duquel elle peut être déterminée ? Les mêmes mains réunies cumuleraient le pouvoir d'exécution, le pouvoir législatif et souverain. Les modification apportées, les attributions différentes dont il leur plairait de se gratifier, seraient en l'intérêt particulier de leurs membres, et trop souvent en opposition réelle à l'intérêt commun.

Ce mode serait faux, opposé à nos lumières acquises.

Le pouvoir souverain réside dans la majorité des suffrages de la masse active, dans sa volonté, devant toujours pouvoir librement et paisiblement être manifestée.

Le gouvernement d'un peuple civilisé, composé de l'ensemble de ses institutions, restera fidèle aux termes précis du contrat, de la Charte qui l'établit.

Les Chambres françaises des pairs et des députés n'ont pas le droit de modifier la Charte, d'en annuler l'article 37.

Elles sont incompétentes pour consentir la septennalité de la Chambre des députés, qui nous assimilerait aux bourgs pourris. MM. les ministres seraient les seuls Français. Nous serions Parias !

IVᵉ CONSIDÉRATION.

De la nécessité de déterminer le mode de la révision de la Charte.

Quel que soit le génie du législateur, la bonté de son ame, et l'étendue de ses lumières acquises, il ne peut tout prévoir. Si les principes sociaux sont toujours les mêmes, ils peuvent être mieux aperçus. Ils peuvent demander une application nouvelle. Nos rapports s'agrandissent, se multiplient. Des abus impossibles à prévoir s'élèvent. Chaque siècle en notre propre histoire, signale d'extrêmes changements. La volonté nationale peut n'être pas toujours la même.

Il faut à tout état atteignant un haut degré de lumières, un mode le plus réfléchi, le plus sage, à l'avance déterminé, non conservateur (il consacrerait ses abus toujours prêts à paraître), mais réparateur, les empêchant de naître, ou les réprimant; s'assurant que toute institution, fidèle à ses attributions tracées, marche à son but; qu'elles conviennent encore, qu'elles sont le dernier terme de nos connaissances sociales.

Cette révision du contrat de la Charte est de droit : elle forcera le corps social à revenir sur lui-même sur tout ce qui le concerne. Il empêchera que l'opinion publique ne puisse être éludée, ne puisse être étouffée.

Elle aurait lieu, soit à la demande de S. M., ou à celle de l'une des deux Chambres, ou à celle du tiers des assemblées annuelles d'élection ; toutes ces demandes deux fois renouvelées ; et encore de droit tous les vingt-cinq ans pour la satisfaction des droits des générations successives : tous les vingt-cinq ans l'on peut estimer le quart de la population active changé.

Cette révision sera sans danger ; prévue, voulue par la loi, elle n'offrira nulle agitation, nul trouble. Nul changement ne sera partiel ; déterminé, il s'effectuerait en un même moment.

Qui pourrait le craindre? Le Gouvernement est pour le peuple, pour la masse : il est l'objet de son amour. S'il en était autrement, il faudrait qu'il fût changé.

Vᵉ CONSIDÉRATION.

Du mode de la révision de la Charte.

Le soin de revoir la Charte dans son ensemble, de peser toutes les modifications dont elle serait susceptible, serait confié à une commission nommée chaque fois *ad hoc*, portant le titre de *Chambre des propositions*.

Elle serait composée de deux membres par département, élus pour cinq mois, au chef-lieu du département, par la majorité des suffrages libres de l'ensemble de tous les électeurs, réunis sous le titre d'*Assemblée-section de la souveraineté.*

Les électeurs, loin d'être gênés dans leurs suffrages, seraient invités à se concerter avant la tenue de l'assemblée, à l'effet de débattre entre eux, avec franchise, le choix de l'homme probe le plus digne de leur confiance.

Les membres de la Chambre des propositions prendraient, en commun, connaissance de toutes celles qui leur seraient adressées, pour, se distribuant ensuite par sections, présenter, au bout des cinq mois, au choix, à l'acceptation ou au rejet de la majorité des assemblées sections souveraines, tous les pro-

jets et modifications de la Charte , qu'ils au-
raient rédigés.

Deux commissaires, sous le titre d'envoyés
(de *missi domini*), seraient chargés de porter
à l'autorité centrale le vote de chaque assemblée-section de la souveraineté, d'assister à
leur dépouillement commun, et de le pro-
clamer.

A l'instant le vœu public serait obéi; nul
intervalle ne serait entre l'ordre ancien et le
nouveau.

Tout magistrat, sur sa tête, répondrait de
l'inviolabilité constante des personnes, des
propriétés.

Tout trouble serait réprimé. *J'oserais en
répondre.*

Au cas où le dépouillement des votes ne
produirait pas une majorité, il en serait référé
à chaque assemblée, de nouveau convoquée,
tenue d'en délibérer; et de s'exprimer une
deuxième fois.

Au cas où il en serait besoin, une nouvelle
chambre de propositions serait formée.

Je ne craindrais pas de scissions au sein de
la France : des étrangers, peut-être, les vou-
draient ourdir ; mais si toutes ses parties sont
appelées à jouir d'un même bien-être, sous

une garantie commune, quelle est celle qui voudrait se détacher de la masse? Ce serait loin de son intérêt, loin de sa gloire; et quel Français le pourrait proposer?

De quatre ans, le député à la Chambre des propositions, ainsi que l'envoyé, ne pourront être membres d'une autorité centrale, ni recevoir, non plus que leur famille, de faveur du Gouvernement. Ils rentreraient, leurs fonctions terminées, dans les rangs des simples citoyens. L'état veut s'assurer que dans les divers projets qu'ils auront offerts, et dans leur conduite soutenue, ils n'auront eu en vue que l'intérêt de la masse.

CONCLUSION.

Je me suis proposé d'établir :

Que la septennalité de la Chambre des députés menacerait la France de tous les malheurs ;

Que les ministres sont incompétents pour la proposer ;

Que les deux Chambres sont incompétentes pour la consentir ;

Qu'il est nécessaire d'établir à l'avance un mode de manifestation toujours franche et paisible de la volonté générale, seule souveraine, et de la révision de la Charte, à la demande réitérée de nos principales autorités centrales; et tous les 25 ans, pour la satisfaction du droit des générations successives;

Je pense en offrir le mode le plus simple et le plus sage,

SIRE,

Daignez me permettre de déposer, avec un profond respect, cet écrit à vos pieds.

Membres des deux Chambres des pairs et des députés,

Trouvez bon qu'il en soit déposé des exemplaires sur chacun des bureaux de vos deux chambres.

Ministres de Sa Majesté,

J'ai l'honneur, à chacun d'entre vous, d'en soumettre une copie.

Peuple français,

Je demande à nos principaux journalistes de vouloir bien vous en donner connaissance.

Recevez avec intérêt et bonté cette trop faible expression de mon désir de vous servir.

FRANCLIEU.

Senlis (Oise),
    Avril, 1824.

Nota. Au moment où l'impression de ce Mémoire est terminée, je lis que le projet de la septennalité de la Chambre des députés est présenté à la Chambre des pairs; que pour en motiver l'admission, il a été dit qu'il ne faut pas s'arrêter aux termes opposés de la Charte, puisque déjà la loi des élections actuelle en est une violation réelle.

Je prends acte de cette reconnaissance publique de la violation de la Charte par la loi actuelle d'élection, et j'adjure, je somme MM. les membres de nos deux Chambres, qui ont juré *à toujours* le maintien de la Charte, d'en réclamer hautement la suppression, le changement, pour revenir à l'ancienne loi, la même pour tous, la même pour tous les électeurs, qui nécessairement doit apporter un même esprit d'inviolabilité des personnes et des propriétés, et du besoin d'un ordre magnanime et constant, favorisant tous les développements de l'industrie et du génie.

MM. les membres des deux Chambres ont fait le serment de fidélité à la Charte, et aussi MM. les ministres. S'ils y manquaient, ce serait dire aux Français :

« Il n'est point de serments, ou ils sont jésuitiques, avec toute restriction *mentale*, disant hautement : *Je le jure*, et tout bas : *Pourtant qu'il me plaira.* »

Il ne serait donc parmi nous plus de serments, il ne serait parmi nous rien de sacré.

La Charte veut l'égalité des droits. La loi d'élections actuelle est fausse ; elle est contraire à la Charte , elle doit être annulée.

La loi de septennalité serait une violation positive de la Charte.

Elle doit être rejetée, ou il n'est plus de serments.

FIN.

www.ingramcontent.com/pod-product-compliance
Lightning Source LLC
Chambersburg PA
CBHW061704050726
47598CB00004B/1677